Para Djanira con mi felicitación
por su "El espacio de la mujer en
la poesía femenina cubana".

[signature]

[signature]
October/87

GÉMINIS DESHABITADO

COLECCIÓN ESPEJO DE PACIENCIA

EDICIONES UNIVERSAL, Miami, Florida, 1994

AMELIA DEL CASTILLO

GÉMINIS DESHABITADO

*Finalista Premio CARMEN CONDE, 1992,
Editorial Torremozas, Madrid, España.*

© Copyright 1994 by Amelia del Castillo

Derechos de autor, ©, por Amelia del Castillo. Todos los derechos son reservados. Ninguna parte de este libro puede ser reproducido o trasmitido en ninguna forma o por ningún medio electrónico o mecánico, incluyendo fotocopiadoras, grabadoras o sistemas computarizados, sin el permiso por escrito del autor, excepto en el caso de breves citas incorporadas en artículos críticos o en revistas. Para obtener información diríjase a Ediciones Universal.

Primera edición, 1994

EDICIONES UNIVERSAL
P.O. Box 450353 (Shenandoah Station)
Miami, FL 33245-0353. USA
Tel: (305)642-3234   Fax: (305)642-7978

Library of Congress Catalog Card No.: 94-71769

I.S.B.N.: 0-89729-744-X

Ilustración de la cubierta:
        Acuarela de Carmen María Galigarcía

ESTA NUEVA SALIDA POÉTICA DE AMELIA DEL CASTILLO

Lo que más llama la atención en «Géminis deshabitado», ya al comienzo, es la forma armoniosa del verso, en estos tiempos en los que la escritura de lo que se da en llamar poesía es precisamente la desorganización y el caos verbal, y la falta de orden en las ideas y su expresión.

Por eso, este nuevo libro de Amelia del Castillo, aún más que los otros suyos de 1975, 1978, 1982, 1986 y 1991, buenos y atinados espacios para su «cauce de tiempo» –descanso y trabajo en silencio– nos pide su alabanza por varios motivos: el contenido y el amplio ritmo con el que están escritos estos versos: una forma más ceñida (Primera Variante) o abierta (Variante Final), en «es la canción de las cenizas» o en aquella del verso ejemplar, como tantos en este libro, «desde todas mis sombras y todos mis espejos». Luego, el acertado empleo de elocuentes imágenes y metáforas; luego, asímismo, lo que una vez escribí sobre la poesía de Amelia del Castillo: la forma en que la poetisa expresa sus pensamientos y sentimientos. O sea, lo que piensa y siente y el sentir hermoso de lo que ha pensado antes para declararlo de un modo muy personal y justo; modo que ya estaba en ella desde su primer libro, tan bien recibido por nuestro Agustín Acosta.

Se alegra uno –me alegro yo– de poder mirar estos nuevos versos de ahora, con la sensación de plenitud y madurez que ellos nos entregan. Uso adecuado del vocablo que no parece ser buscado, sino que llegó naturalmente poético, libre y necesario a su creación.

De aqui, también, la presencia de las interrogaciones, de los «por qués», llenando sus textos de una intensa inquietud, o bien de un ambiente de incertidumbre ante los grandes secretos de la vida, la ausencia y la muerte. Y además de todo ello, que no es poco, esa otra inquietud de ser una o la otra; de su doble personalidad en dramático trance. Ese ser o no ser en el que el escritor de versos –o el de prosa– se halla sumido y que, en este hermoso libro, sirve para mantener en vilo la atención de su lector.

¡Cuántos versos o no versos se escriben para tratar de contestarse a estas preguntas! Si lo que vale, a fin de cuentas, es el en sí y por sí de la pregunta cuando se manifiesta en un verso de la mejor clase como es el de Amelia del Castillo.

Eugenio Florit

Miami, Florida,
Octubre de 1990.

Lobo y cordero. Olimpo e Infierno.
Desde el primer vagido hasta el amén final.
Lo dijo Isaías. Lo dice la mitológica leyenda. Lo dice la sentencia compartida recordada en el zodíaco con el signo de Géminis.

Habitarán el lobo y el cordero...

Isaías 11:6

PRIMERA VARIANTE

Mi corazón
tiene latido de lobezno,
el tuyo, sangre de paloma.
Si me habitas
tu sangre dulce me sosiega,
si me faltas
montes, selvas y riscos se me trenzan
y se trenzan el miedo y el rugido
y me crezco de pronto por la fiera.

    Tu corazón,
tu amanecido corazón de ave
—Icaro deslumbrado—
¿en qué azul,
en qué vuelo sin mí lastimará sus alas?
Y el mío,
mi corazón acerbo sin tu alivio,
¿en qué rincón de sombras, en qué huída
desgarrará mi entraña y tu paloma?

Si en cada esquina
del milagro está el madero,
¿quién lo asume o lo rechaza?
¿Quién hace rodar el mito y las campanas?
¿Quién la culpa?

      No cabemos las dos
en el ropaje de piel y huesos que nos dieron.
Hace falta más luz.
¿Quién rescinde la costra salitrosa que nos dimos?

      Respiro hondo y te me asfixias,
asomas y me hundo.
Nos atraviesan peces descamados
con sus ojos de charco sumergido.
Nos devora la noche. ¡Rebélame!
Yo te rescato.

      (Y nos abraza el fuego que trajimos
y ardemos juntas para empezar de nuevo)

Renazco
de ávida semilla germinada en tu surco.
Te acoge mi sonrisa.
Asomo
–inquisitiva y blanca–
al libro de todos los misterios
y me gritan sus páginas el viejo hacer y deshacer
de nuestras huellas.

    Florezco
hambrientas las raíces,
un escozor de vida acuciando mis pasos,
la flor de todas las espinas
abriéndose en mi voz.

    Abrazo
tu viaje a mi premura.
No es tuyo el pecado, ni mío, ni de Leda.
Unamos nuestros ciclos.
Tracemos
juntas e irremediablemente solas
–de espaldas a todas las ausencias–
un camino de paz.

¿Por qué nuevo camino
cansado de pisadas y resabios ajenos
andarás la distancia hasta tu cruz?
¿Cuándo y en qué resquicio se quebrará el espejo?

No confíes
del viento que conoce tu signo:
alborada y crepúsculo,
espuela y brida,
herméticos perfiles de Cástor y de Pólux.

No confíes
del árbol que se abraza a tu sombra
ni de fuente que cante repitiendo tu voz
ni de la lluvia lenta que remeda tus lágrimas
ni del eco extraviado...
y sobre todo, hermana –enemiga hermanada–
desconfía
del yo, del tú, del nuestro,
de la otra que asoma repitiendo tu imagen
y en tu imagen se queda
repetidas las dos.

　　　　Si vamos
a hacer el mitológico camino
hagámoslo en paz
con calendarios y misterios.
La vida que me toque vivirla en mí y por mí,
mía desde adentro.

　　　　Rechazo
la inquietud de la mitad de vida
que te dieron.
Si tu Norte es mi Sur
prometo no tirar del hilo que nos une.
Si tu Omega es el Alfa de mi vuelo
pactemos al temblor de las verdades:

　　　　Necesito
el ala mía de tus alas,
necesito
el milagro repetido de tu ruego.

Porque es breve el perdón
y alta la culpa
no voy a hacer que la verdad
te enjuicie.
Tampoco voy a reclamarte el nombre
ni la esquina de sol
ni la tregua, ni el látigo
ni la oración
ni el luego.

Que cada quien levante
sus cenizas,
que grite cada pozo
y cada mar devuelva
su sal y sus postillas.

Luego
—cubierta la hendidura,
rechazados el polvo,
los hilos, las ausencias,
el miedo, las agujas—
inventa un nuevo yo
que responda por ti desde tu sombra
y en tu sombra se plante:
centinela.

        Quizás
se atreva a recoger la culpa,
quizás se empine hasta el perdón,
quizás no sepa más que asirse
al desfile, las máscaras, el circo,
las muletas...
y repetir el yo gastado
que te angustia.

Déjame
de frente por mi vida.
Quiero trazarla
con mis ojos, mis manos, mi piel.
Con uñas y con dientes.
Es la brizna de tiempo que me diste
y voy a hacerlo
con la mitad de alma que me toque.
Déjame conmigo,
con la espina de luz que se me encona,
con el empeño inútil de vencerte.

¿Cómo salvarme
de ti si me condenas
a ser tú
cuando soy más que yo misma?

Soy
apenas una voz.
Un destello, una sombra, una pregunta,
un silencio asustado,
una caricia,
una renuncia, un látigo, un deseo,
una promesa, un puño,
un no sé qué de algo
que no he sido.

       Soy así
desde un junio, para serte.
Así como te soy aunque no entiendas,
así como me soy
aunque no quiera.

Te necesito
más allá de la sonrisa,
de voces y de culpas.
Para saber
el hilo de mi fuerza
y la insolente terquedad
de mis errores,
te necesito.

Para saber
que este viaje tiene nombre
y que el vuelo comienza
donde se rompe el ala.

Para saber
la oblicuidad del amor,
la génesis del grito y la simiente,
el hambre de la espiga,
la mordida soledad del canto,
el miedo de la rosa,
la espiral en fuga del recuerdo,
el cuchillo, la piel,
la mano, la desgarradura...

      Para saber
en qué orilla, qué mar,
cómo, dónde, quién
y por qué aliento.

      Para saber de mí
te necesito.

Es tiempo
de soltar amarras, levar ancla,
despojarme de capa y costra,
pelos y señales
hasta el grito primero
y la primera piel.

Es tiempo
de completar el viaje,
de esperarte
a la vuelta del regreso,
estrecharte la mano,
dejarte los zapatos,
las culpas y el abrigo,
para que capa a costra
te escondas hasta verte
tan yo que sin quererlo,
sin aviso ni asombro
–creyéndolo tu viaje–
me sigas, me intercambies,
respondas por mi nombre
y hasta emprendas el rumbo
con mi valija a cuestas.

         Es tiempo
de recordar el pacto o de quebrar
uno a uno
todos los espejos.

Después
de tanto navegar sin rumbo,
de tanta rama seca,
tanta raíz a flor de lágrima.
Después de tanto amor cansado
este fuego alertando las cenizas,
esta gota de agua,
esta semilla,
esta paloma al vuelo,
esta espiga sin tregua que me crece
a golpe de alboradas
y palpitar de ausencias.
Este hoy que no es hoy
porque ya es tarde.

Este saber al fin
que si tuviera
las fuerzas que no tuve
para serte
–las alas que no tuve para serme–
desandaría paso a paso,
risa a pena lo ambulado
hasta nacer de un trazo
como aquella
que acaso pude ser
y que no he sido.

Desde el rincón del mundo
donde duermen los gnomos del recuerdo
me ha llegado tu voz.
Voz de tiempo que fue,
de flores de papel, de azul inútil,
de caracola abierta.

Hurto de savia y de sonido,
desde el trillo febril de la memoria,
lacerante y ajena
me ha llegado tu voz...

Tu voz no tuya
como acaso no es mío este recuerdo.

Desde el camino blanco
donde hablan los niños
con la estrella.
Desde el cansancio de la pena
en los rincones,
el asombro vertical
de la esperanza,
el surco, la simiente, la garra,
la caricia,
el aliento tenaz de las abejas,
el luminoso sueño de la oruga...

Desde siempre
y no sé donde clavarme
para que sangres tú por mis heridas.

Ni sientes
ni sabes de la herida que llevas al costado
y vas dejando tu sangre
                    (casi mía)
como se deja al pasar el polvo de unos zapatos
                                        [viejos.
Se te agranda, se te ahonda a cada golpe
y dibuja tu sangre
                    (casi tuya)
por la fría superficie del tiempo
catedrales sin puertas y madrugadas rotas.

            Por siglos
te busqué como se busca el puerto.
Fui paloma y fiera y cervatilla oteando tu sabor
en mi garganta.
Me hice mujer para encontrar tu sangre
                    (casi nuestra)
gritando por la herida que no sientes,
ni sabes,
ni comprendes.

De este lado la luz. Allá la sombra.
Entre las dos el nudo que nos une.
Anochece despacio.
Ladra un perro
alertándole miedos a la espera.
¿Oxidados, dormidos,
gastados los goznes del recuerdo?
¿Tu memoria y la mía dos memorias?

Aquí la sombra. De ese lado la luz.
Entre las dos el nudo que nos une.
Anochece despacio...

          Afuera
a sol rabioso
a esperanza viva
a golpe de ala
sin miedo...
(y nada, nada)

          Adentro
a vivencias
a retazos
a medias
oscurecida
inmóvil...
(y nada, nada)

          Afuera
adentro
sola
compartida
a sol
a sombra
igual
distinta...

        Es la canción
de las cenizas,
el rito de los duendes,
quizás el olvidado rezo
que se agita.

        La mañana es azul,
el agua despeñada se ilumina
y se ilumina el aire
y se iluminan
cicatrices, culpas,
piedras y raíces.

        Pero queda la cruz
–la primigenia–
iluminada, ardida,
toda nuestra.

        ¿Cuál de las dos
sabrá poner el hombro,
empinar la mirada
y dar un paso al frente?

¿Cómo seguirte, hermana?
Nos distancia tu voz-paloma,
tu sosegado estar
donde más arde el fuego,
tu sinprisa, tu despertar azul
y tus nidales.

       Cuando me dejes parte
de tu viaje,
¿dónde dejar los golpes
y el martillo?
¿Dónde esconder el miedo,
la garra, el huracán,
los dientes, las urgencias...?

       ¿Cómo desenterrar
la cansada semilla
que sin abrir me crece?

Ayer
nos miramos sin recelos,
en paz con los resabios,
rescatado el asombro,
apretadas al nudo
en comunión de ciclos programados:
rescatadas del YO y del TÚ.

      Ayer
fui tan distinta que me sentí liviana.
Un solo pulso,
una sola mirada, una sonrisa,
un NOSOTROS cerrado
conciliando las dudas:

      Ni buena, ni tan mala.
Simplemente yo.

Tan cerca del umbral
de la alegría y tan lejos de todo.

Parece
que una flecha encendida me corriera
de norte a sur
hurtándome las sombras.

Llevo el vestido leve de la otra
que fui ya no sé cuándo,
las manos extendidas
sin reclamo,
la raíz afianzada
sin premura,
un mapa de caminos
sin distancias,
el visado sin números ni nombres
y una sonrisa nueva
para el viaje.

Me llevo de la mano
y voy de frente:
no importa que anochezca
en otra parte.

Para alcanzar la luminosidad
de la renuncia
preciso un corazón liviano
hasta el olvido
y una puerta de espaldas al recuerdo.

    Preciso
desandarme sin látigos que azoren
mis heridas,
sin quebrantar horarios,
sin que aúllen los mapas
y el viento resquebraje las raíces.

    Preciso
que suelte mis talones el camino,
que me prestes tus hombros de mendiga,
que no me ordenen cuándo, ni cómo
ni en qué grito.

    Preciso
que no midan mis fuerzas:
si faltan para el viaje a la renuncia
yo sé que sobran
para clavar mi nombre a las ausencias.

Del mar
riscos huraños,
rugir de fiera y por hurtarle
rigor a mi soberbia
un lamido de paz por las arenas.

      De la montaña
la caricia del viento,
el agua despeñada,
hambre de luz,
la primicia del vuelo
y un corazón hermano de la piedra.

      Montaña y mar.
Entre los dos una pregunta abierta
que no responden más que los que saben
quebrar la duda y asumir el ruego.

      Entre los dos
la grieta de los siglos
rotulándome el nombre, los horarios,
el color de la piel,
la fuerza y el bolsillo.

(Se olvidó de rotularme el alma).

Voy a deshabitarme. Luego
cambiaré de piel como el lagarto,
sacudiré las quejas, me inventaré la risa
y aprenderé otra vez la primera palabra.

    Quizás
pueda enseñarte la medida
de mi perfil o repetir contigo
el punto exacto
donde crece el silencio y se agitan
los duendes de la culpa.

    Quizás
sea preciso que adivine y que conozcas
tus nombres y mis nombres,
que compartas mis redes y mis clavos,
que sangre tus espinas, que me atreva
a verme sin mirarte.

    Quizás
de un tajazo azul, iluminado,
nos sabremos de frente, divididas,
de vuelo las mitades que nos faltan,
y un hilillo de sangre, como espiral de humo,
dibujado en la tarde.

Yo quisiera dormirme
con los ojos abiertos a la otra
que soy cuando me duermo.
Y quisiera volverme de espaldas
a este yo
harapiento y descalzo por las horas,
limosnero de paz,
de paz hambriento.

      A este yo de sal y de cenizas
que tanto pesa
al yo que soy cuando me duermo.

Vamos a hablar.
De frente, sin miedo a lastimar las cicatrices.
Sin miedo a ver detrás de la mirada,
debajo de la piel,
dentro del viejo saco que llevamos a cuestas.
Con palabras distintas que no rocen
al paso este silencio que nos traga
con hambre de alarido.

        Vamos a hablar.
Que no quede un rincón de miedo
entre nosotras.
Que sepa de una vez y para siempre
cómo eres.

Tan niñas
que no era un reto la tormenta
ni era el relámpago temblor ajeno.
Tan niñas
que soñar era ver con música y asombro
lo que nunca veríamos.
Tan niñas
que era extranjera la palabra amor:
cuando la descubrimos
fue para esta mitad mía desasosiego
de mil culpas.
Jolgorio de canarios en la tuya.

    No sé en qué eclipse o en qué sol
apacigüé mis culpas y ardieron en el aire
tus canarios,
pero algo sin paz quedó ya –para siempre–
en el hondón de nuestras dos mitades.

    Todavía hoy me pregunto
si eran una o dos las niñas
cuando amaron.

Fue el catorce de un Géminis sin prisa.
Un catorce olvidado en el bolsillo
del prestidigitador de la sonrisa,
del naipe, el horizonte
y el hatillo.
Fue un Géminis con bridas
en un vuelo
que apenas alcanzaba la estatura
de la mirada gris del desconsuelo,
del grito que llevaba
en la cintura.

Quizás nació algún pájaro aquel día
para volar de espaldas
a su horario:
de frente a la pregunta que nacía.
Quizás se anticipó mi calendario
zarpando a toda vela,
sin vigía
ni brújula, ni luz, ni itinerario.

Tenía mi padre
alta la frente: cerro despoblado
donde crecieron todas las batallas
y sangraron
obligadas renuncias.
Suyos son
los ríspidos horarios,
la cicatriz, el bronce, las raíces,
la palma, el látigo
y la espuela.
Por él
llevo entre las cejas
ríos desbordados y torturada aurora.

      Por él
me conminan por dentro
los aceros.

Mi madre
fue campana de pueblo anochecido,
almohada, zapatilla,
pan recién horneado.
Por ella
se me inquietan los días
y me crece
un bullicio de fuente
o pajarera.
Por ella
me crecieron muñones,
por ella
nunca fueron alas.

      Suya es
mi mansedumbre arisca:
rebelión de siglos
sofocada.

Me sobra
el dolor de las verdades
y desde siempre
la angustia de la piedra desvelada.
Me sobra el grito
y para siempre
la espina que se quiebra y que se encona
en el azul fugaz donde me pierdo.
Me sobran
números y nombres y etiquetas
y el polvo que en la espera se enmohece.

      Me falta
el punto aquel que me inventaron
un catorce de junio,
inesperadamente.

Sosiégame, Señor,
hasta la esquina más negra de la angustia,
hasta la cruz más alta,
el arisco rincón,
la más hambrienta orilla.

Sosiega
mi raíz precipitada
y este latido de veneno insomne.
Apacigua el surco que no sabe
vivir en paz con su semilla.

VARIANTE FINAL

I

A ver
qué dice la semilla de este surco de hambre anochecido
y qué respuesta tiene esta cigarra
que se afana sin tregua
pisoteándole el brío a las hormigas.

A ver
qué fantasma de luna sisea nuestros nombres por las
 [sombras,
a qué potro de sal se le encabrita el tedio,
qué aullido o qué balar acecha en el recodo del camino,
en qué sol quemaremos nuestras alas,
qué costra de intemperie nos cobija.

A ver
qué mariposa azul nos desafía,
qué cápsula de luz traspasará la niebla,
qué trompeta, qué voz derrumbará los muros...
Qué azogado cristal se atreverá a decirnos
lo que soy, lo que eres, lo que fuimos.

II

Estoy de frente a todas las verdades desnutridas
y ni alcanza mi vuelo la selva de los pájaros hambrientos
ni alimentan mis dudas el mito de estrellas y de oráculos.

¿De qué sirven ahora mapas, bitácoras y brújulas
si se hundieron de un golpe las naves ancestrales?
Que no vuelva a engañarte la astucia de otra voz, otro
[luego,
otro quien sabe:
el horizonte está donde termina el tedio
y no hay grito ni lanza que te ayude a alcanzarlo.
¿No ves que estamos de regreso, sin abrigo ni costra,
ni siquiera
el gemelo tatuaje que por siglos –desde el primer eclipse
y la primera luna– nos enseñó a encontrarnos?

No, no bastará tajar la sed para morir sedientas.
No bastarán ajenos dioses, ni cábalas, madejas,
[laberintos...
No bastará la sal. Ni el agua, ni el milagro.

¿Dónde dejar las redes y esta carga de peces que se
[asfixian?

III

He dado tanta vuelta, tanto tumbo en este angosto
                                            [círculo,
que he perdido el regalo vital del miedo y del asombro.
Cada jirón de niebla, cada hebra de luz vino y se fue
llevándose un pedazo.

¿Recuerdas
el insomne rincón de la escalera y al pájaro de luces
que llevábamos dentro?
Fue una sola angustia y un temblor lo que dejamos noche
                                            [a noche
en el rellano aquel de frío y de cristales rotos.
Me hablabas
y se abría el silencio en dos para ampararnos.
Te hablaba
y era mi voz sin pan el aleteo inútil de mariposas ciegas.

Háblame otra vez y me abriré para ampararte.
Devuélveme aquel miedo y te prometo el milagro
                                            [imposible
de otro pájaro amigo para llenar la hondura de la
                                            [ausencia.
Abrázame tan fuerte
que no sepan los golpes si son mis huesos o tu piel
lo que han golpeado.
¡Son ya tantos los tumbos y las vueltas y es tan pequeño
este círculo de escamas que habitamos!

IV

¿Adónde ir si me es ajeno el sitio de la rosa,
si cada vuelta de luz me trae la mordedura de la sombra
y la esquina del aire tiene miedo?
¿Adónde si el farol del tiempo se ha quebrado
y el resquicio aquel, el que sabía deletrear mi nombre,
ha perdido la voz y la palabra
que es perder dos veces lo perdido?

Déjame enraizar aquí, donde más duele,
donde el asombro pierde su estatura y se revuelve el
[polvo
y tienen los relojes un cansancio tan largo que los vence
el bostezo senil de las orillas.

Aquí, en la media verdad donde es a medias
la madre, la mujer, la esencia, el ruego...
A medias yo y la otra y quien sabe cuántas y ninguna.

A medias por la vida que es al fin andar a medias
por la primera y última espiral,
que nos conmina.

V

No voy a pedir cuentas. Tampoco voy a darlas.
Tú sabes y yo sé del cauce seco
y del dique incapaz de contener el desamparo.

Quizás, uniendo fuerzas,
empinadas al golpe, inventariando tus piedras y mis lodos,
logremos desviar la subterránea fuente,
encarar el festín de las hormigas
y deshacer la iridiscente telaraña multiplicada al sol.

Derribarás entonces torres de humo,
escalaré murallas, y al fin en paz con los espejos
te bañarán mis lodos, compartiré tus piedras,
y aunque fijas al vidrio, atravesadas, quietas,
obedientes y mansas,
haremos otro ciclo y otro y otro, iguales y distintos
desde el Junio primero y la primera yo.

VI

No sé dónde ni cuándo
anocheció el trópico fugaz que entre los hombros,
con verdes y con sangre nos tatuaron: entre las dos
[ardiendo,
entre las dos ardido.

Era mucha raíz y muy frágiles las alas que de espaldas
al relámpago y al intento de vuelo nos nacían.
Del vuelo en cruz de arena a risco, de canto a queja,
de mar a pozo. Desarropado intento sin medida.

Era mucha raíz y muy débiles las uñas del trasplante.

Cuando creció el afán de mis dos manos faltó el aliento
de tu voz y tu pisada; donde sembré un jirón de mí
–blando y rojo– sacaste entre los dientes
el acero por siglos enterrado.
Nació una flor cuando corté la rama,
y en tus dedos sin ramas y sin flor brotó la espina.

Cuando el grito y la guerra y golpe y odio se imponían
comulgaron mis dudas y tus rezos, mis sombras y tu luz,
el hoy y el luego: deshilachadas, mansas, casi una,
comulgamos de espaldas y de frente a la mentira.

Hincaste
la rodilla cuando tajé la piedra; donde eché la simiente
recogiste hormiguero de cuchillos; cuando alargué las
[manos,
de tanta cal y tanto polvo mis manos te dolieron;
cuando fui yo, tú me negaste
y me perdí buscándome por dentro cuando fuiste.

¿Quién guarda las cenizas de aquel trópico ardido?
¿Cuándo se quebró el espejo? ¿Qué lanza hambrienta
reversará el trasplante? ¿Qué cicatriz nos quema la
[memoria?
¿Qué llaga gangrenó el tatuaje?

Era mucha raíz y muy poca la fuerza que nos dimos.

VII

No importa la fecha. Ni la hora.
Lo que cuenta es la semilla, la flor, la mariposa,
el vuelo del ave que regresa.
Lo que cuenta es la vida.
¿Sabes cuántas veces hace el sol el ciclo de una vida?
¿De la nuestra?
No muchas, porque siempre que amaneces
me anochezco.
Porque tantas, tantas otras, te arrastro en mi caída
y anochecemos juntas.

Lo que cuenta
es la inseparable amiga de la sombra. La que nos habla
y nos cobija.
La que al voltear de cualquier llanto, cualquier grito,
nos resucita al hambre, nos acoge al milagro.

Lo que cuenta es la fe. Y las respuestas.
Hace mucho que duendes y preguntas nos sofocan,
nos tiran piel adentro, piel afuera,
sin que, al menos, nos dejen al revés a un mismo tiempo.
Me espanta verme toda sangre y toda vísceras
frente al ropaje hermoso que te alienta y que también es
[mío
(o será) cuando seas tú por dentro.

Es la herencia de sol y niebla que nos dieron
(o nos dimos), la que nos pesa desde siempre
y para siempre nos limita.
Es la balanza ciega que nos sube y nos baja como si tú y
[yo
no fuésemos
más que carne, ojos, huesos, agua...
Nada más y nada menos.

VIII

¿Cómo llenar un mar deshabitado?
¿Devolviendo la sal, el canto, las escamas, el hondón de
[la espera,
el gemido de todas las renuncias,
el agua que nos arde en la mirada, las playas todas
y todas las orillas?
¿Cómo hacernos un mar, un tiempo, un arco iris...?

Voy a inventarle un nombre al mar.
Un nombre largo y lento donde se enrede el aire,
donde se hastíen rutas, mapas, velámenes, tormentas.
Un nombre manso donde duerman al fin las algas y los
[peces.

Voy a inventarle un corazón al tiempo. Un corazón
que lata al primer llanto y se detenga allí hasta el grito
[final.
El de la bienaventuranza.
Voy a inventarle otro color al arco iris:
un color que me inunde los rincones todos y todas las
[espinas.

Voy a inventar un nombre para el vuelo dormido entre
[las alas,
para el hambre que crece en la mordida,
para el charco de sed donde se pudre el desamparo.
Para el pájaro de luz que picotee el vidrio
de todas mis ventanas.

Voy a inventarme un yo que me cobije.
Un comprensivo yo sin estatura que llame pan al pan
aunque lo crea vino,
que llame vino al vino aunque lo sepa pan.
Un yo sin pedestal y sin rendijas. Un yo sin miedo
que me sienta, me busque, me abrace y me sonría
desde todas mis sombras y todos mis espejos.

IX

Mírame.
Detrás de las ausencias –más allá de la sed y de las
                                                  [lágrimas–
soy aquella que fui cuando cabíamos las dos en un
                                                  [silencio.
La que abría en dos el tren de medianoche,
la que te hablaba a solas cuando aún no sabías
buscarla piel adentro ni descubrir su nombre.

Mírame.
Tanto tiempo de frente, cara a cara, y no sabes quien soy
ni sé quien eres.
Compartimos el pan y la mordida, la llaga y el ungüento,
pero seguimos solas, desnudas como leño a la intemperie.

Mírame.
Aunque tu voz no roce mi palabra, aunque sólo hayas
                                                           [sido
la otra en mi cristal y yo tu inquisitiva hermana
                                                    [mitológica,
cuando la hambrienta soledad se nos desgaje,
cuando se abra el círculo, cuando escape el misterio,
cuando en un solo rezo se fundan nuestras voces
                                           [confesando la culpa,
        responderá Isaías:

Habitaron el lobo y el cordero.

ÍNDICE

PRIMERA VARIANTE

Mi corazón 15
Si en cada esquina 16
Renazco 17
¿Por qué nuevo camino? 18
Si vamos 19
¿Porque es breve el perdón? 20
Déjame 22
Soy 23
Te necesito 24
Es tiempo 26
Después 28
Desde el rincón del mundo 29
Desde el camino blanco 30
Ni sientes 31
De este lado la luz. Allá la sombra 32
Afuera 33
Es la canción 34
¿Cómo seguirte hermana? 35
Ayer 36
Tan cerca del umbral 37
Para alcanzar la luminosidad 38
Del mar 39
Voy a deshabitarme 40
Yo quisiera dormirme 41
Vamos a hablar 42
Tan niñas 43
Fue el catorce de un Géminis 44
Tenía mi padre 45
Mi madre 46
Me sobra 47
Sosiégame, Señor 48

VARIANTE FINAL

I	51
II	52
III	53
IV	54
V	55
VI	56
VII	58
VIII	60
IX	62

COLECCIÓN ESPEJO DE PACIENCIA (POESÍAS)

VIAJE AL CASABE,
Ana Rosa Núñez
UN POETA CUBANO,
Luis Mario
RAÍCES EN EL CORAZÓN,
Enrique J. Ventura
ESCAMAS DEL CARIBE (HAIKUS DE CUBA),
Ana Rosa Núñez
BRASAS EN LA NIEVE,
Arístides Sosa de Quesada
HORACIO DEL VIENTO,
José Angel Buesa
MI HABANA,
Alvaro de Villa
EXPRESIONES,
Sergio Tigera
GOTAS DE PRESENTE,
Rogelio de la Torre
RUMORES DE MI BOHÍO,
Oscar Pérez Moro
ESQUEMA TENTATIVO DEL POEMA,
Enrique Márquez
LOS OFICIALEROS,
Ana Rosa Núñez
VEINTICINCO POEMAS-TWENTY FIVE POEMS,
Ricardo Pau Llosa
LAS HORAS FURTIVAS,
Gustavo Godoy
ASÍ ES MI TIERRA,
Oscar Pérez Moro
MÁS ALLÁ DE LA MIES Y DEL SONIDO,
Jaime Barba
A GÜIRO LIMPIO,
José Sánchez-Priede
Y NACIÓ UN POEMA,
Luis Mario

LÁGRIMAS DE PAPEL,
Maricel Mayor Marsán
MÁS ALLÁ DEL AZUL,
Esperanza Rubido
LOS DESHEREDADOS,
Manuel Prieres
POEMAS DEL DESTIERRO.
Aldo R. Forés
DESDE LAS REJAS (Antología),
Miguel Sales Figueroa
EKUE,ABANAKUE,EKUE,
José Sánchez-Boudy
TÚ, PAPEL Y YO,
Donald A. Randolph
CARTA INVERNAL,
Ignacio Ortiz Bello
VOCES DE DOS MUNDOS Y POEMAS DE ESPERANZA,
Eduardo J. Tejera
VEINTE CANTOS Y UNA ELEGÍA,
Enrique J. Ventura
CROCANTE DE MANÍ,
José Sánchez-Boudy
DESDE MIS DOMINGOS,
Luis Mario
POEMAS PRIMEROS,
Nemen Michel Terc
CONTRA EL TIEMPO,
Nemen Michel Terc
VIBRACIONES,
Raul Díaz-Carnot
POETAS DE HOY,
Adolfo León Souza
CAMPO OSCURO,
Teresa María Rojas
LEYENDAS DE AZÚCAR PRIETA (LEYENDAS NEGRAS),
José Sánchez-Boudy
GÜIRO, CLAVE Y CENCERRO,
José Sánchez-Priede
AUSENCIAS,
Rogelio de la Torre

AFRO-CUBAN POETRY,
José Sánchez-Boudy
LOS MASCARONES DE OLIVA,
Ulises Prieto
TENGO PRISA,
Olga Rosado
PRÓFUGO DE LA SAL,
Luis Mario
EDEN,
Waldo R. Mesa
TIEMPO CONGELADO (POEMARIO DE UNA ISLA AUSENTE),
José Sánchez-Boudy
CUBANACÁN (DÉCIMAS CUBANAS),
Jorge Alberto Riopedre
EL CORAZÓN CON QUE VIVO,
Armando Valladares
SEPARADOS POR LA ESPUMA,
Lillian Bertot
CUBA AND HER POETS (THE POEMS OF JOSÉ SÁNCHEZ-BOUDY),
Woodrow W. Moore
ESA PALABRA,
Rubén Darío Rumbaut
CON MENEO Y GUAGUANCÓ,
José M. Sánchez-Priede
POESÍAS DE LUCILA E AZCUY,
Lucila E. Azcuy Alcalde
PECADORA,
Olga Rosado
CIEN POESÍAS DE SARAH WEKSELBAUM LUSKI
ENTRESEMÁFOROS (poemas escritos en ruta),
Uva Clavijo
TRES GOLDARÁS EN LA POESÍA DEL SIGLO XX,
José López Goldarás, José Raúl Goldarás, Roberto L. Goldarás
USA, TIERRA CONDENADA,
Alberto Muller
UNA ISLA, LA MAS BELLA,
Nieves del Rosario Márquez
RAÍCES Y ALAS,
Nieves del Rosario Márquez

VOLVER...,
María Gómez Carbonell
MARÍA -CUANDO LA MUERTE CANTA-,
Luis Conte Aguero
DE NUNCA A SIEMPRE (poemas),
Omar Torres
DULCAMARA (BITTERSWEET),
Ninoska Pérez Castellón
MI BARRIO Y MI ESQUINA,
José Sánchez-Boudy
¡MAMI! CUANTO TE QUIERO,
P. Fernando López S.J.
ESTA MUJER....,
Luis Mario
VOCES EN EL DESIERTO,
Luis Zalamea
CONTIGO,
Betty Alexandria
SUEÑO (RIMAS AL RECUERDO),
Myriam Y. Aguiar
SHADOWS IN THE SUN,
Patricia Cruzet Florit
DISTANCIA DE UN ESPACIO PROMETIDO,
Mary Calleiro
DHARMA,
Roberto Valero
TUS OJOS CUBA:SOSIEGO,VIENTO,OLA,
José Sánchez-Boudy
PREGONES,
José Sánchez-Boudy
TUS OJOS Y YO,
Uva Clavijo
RÍOS Y PALMAS,
Oscar Pérez Moro
SANGRE BAJO LAS BANDERAS,
Enrique Joaquín Piedra
LA PSIQUIS - LA HOZ,
Enrique St. John Troya
TIERRA METALIZADA,
Alberto Muller

AMOR SIN FRONTERAS,
Tirso R. Herrera
¡SALVE AMÉRICA!,
José Raul Goldarás
¡HAIL AMERICA!,
José Raul Goldarás
AGUA Y ESPEJOS (IMÁGENES),
Amelia del Castillo
HASTA QUE EL TIEMPO ESTALLE,
Juan Martín
MISCELÁNEAS CAMPESINAS,
Oscar Guerra
PATRIÓTICAS,
José Sánchez-Boudy
DIARIO DE UN CARACOL,
Mercedes Arés
DOS DÉCADAS,
Olga Rosado
CALENDARIO SOLEDA - GUAYABA Y LÁTIGO,
José Sánchez-Boudy
LIRA CRIOLLA,
Oscar Pérez Moro
DON SINSONTE DE LA PALMA,
Salvador E. Subirá Turró
CANTO INDISPENSABLE,
Roberto Ponciano
ACUARA OCHUN CARACOLES VERDES,
José Sánchez-Boudy
ACHE, BABALU, AYE,
José Sánchez-Boudy
LA ESTATUA DE SAL,
Israel Rodríguez
DE LA NECESIDAD DEL AMOR,
Miguel A. Loredo
INSOMNIA,
Pedro F. Báez
LA INMÓVIL CARRERA,
Francisco Lorié Bertot
POEMAS,
Fernando Pérez

...LA MISMA,
Luis Mario
MINIATURAS,
Berta G. Montalvo
PARA MI GAVETA,
Berta G. Montalvo
GUAJIRO,
Olga Rosado
NEOMAMBÍ,
Angel Pardo
A GOLPE DE MARACAS,
Félix B. Caignet
POESÍAS COMPLETAS,
Luis Cartañá
UN SITIO EN EL CORAZÓN,
Arnaldo Salas
EL PRISMA DE LA RAZÓN,
Armando Alvarez Bravo
UNO Y VEINTE GOLPES POR AMERICA,
Ana Rosa Núñez
DISPERSOS,
César Alónimo
AGUA DE FUEGO,
Nicolás E. Alvarez
PLANETARIUM 57 - MENE TEQUEL URBASIN,
René Schneegans
MADERA DE SÁNDALO,
Hortensia Valdés
VIOLETA,
María Victoria Vega Queral
PÁGINAS DE MI VIDA,
Malvina A. Godoy
EL ROMANCE DE LOS MAYORES,
Marina P. Easley
UN PINCEL EN EL ALBA,
Marilú Capín de Aguilar
MUÑECA DE TRAPO,
Carmelina Galatas de Gutiérrez
RAMILLETE DE RECUERDOS,
María Magdalena Pou de Aguilar

SOL DE UN SOLO DÍA,
Ana Rosa Núñez
CUBA EN MIS VERSOS,
Luis Mario
LA VOZ INEVITABLE,
Angel Cuadra
POEMARIO,
Angel Gaztelu
GÉMINIS DESHABITADO,
Amelia del Castillo

Libros publicados en la COLECCIÓN CLÁSICOS CUBANOS:

011-9   ESPEJO DE PACIENCIA, Silvestre de Balboa
(Ed. Ángel Aparicio Laurencio)
012-7   POESÍAS COMPLETAS, José María Heredia
(Ed. de Ángel Aparicio Laurencio)
026-7   DIARIO DE UN MÁRTIR Y OTROS POEMAS,
Juan Clemente Zenea
(Ed. de Ángel Aparicio Laurencio)
028-3   LA EDAD DE ORO, José Martí
(Int. Humberto J. Peña)
031-3   ANTOLOGOGÍA DE LA POESÍA RELIGIOSA DE LA AVELLENADA,
Florinda Álzaga & Ana Rosa Núñez
054-2   SELECTED POEMS OF JOSÉ MARÍA HEREDIA IN ENGLISH TRANSLATION, José María Heredia
(Edición de Ángel Aparicio Laurencio)
140-9   TRABAJOS DESCONOCIDOS Y OLVIDADOS DE JOSÉ MARÍA HEREDIA,
Ángel Aparicio Laurencio
0550-9   CONTRABANDO, Enrique Serpa
(Edición de Néstor Moreno)
3090-9   ENSAYO DE DICCIONARIO DEL PENSAMIENTO VIVO DE LA AVELLANEDA, Florinda Álzaga & Ana Rosa Núñez
0286-5   CECILIA VALDÉS, Cirilo Villaverde
(Int. de Ana Velilla)
351-7   CUCALAMBÉ (DÉCIMAS CUBANAS),
Juan C. Nápoles Fajardo
482-3   EL PAN DE LOS MUERTOS, Enrique Labrador Ruiz
581-1   CARTAS A LA CARTE, Enrique Labrador Ruiz
(Edición de Juana Rosa Pita)
669-9   HOMENAJE A DULCE MARÍA LOYNAZ.
Edición de Ana Rosa Núñez
678-8   EPITAFIOS, IMITACIÓN, AFORISMOS, Severo Sarduy
(Ilustrado por Ramón Alejandro. Estudios por Concepción T. Alzola y Gladys Zaldívar)
688-5   POESÍAS COMPLETAS Y PEQUEÑOS POEMAS EN PROSA EN ORDEN CRONOLÓGICO DE JULIÁN DEL CASAL.
Edición y crítica de Esperanza Figueroa